Et si on jouait

des poèmes !

Valérie GASNIER

Ce livre de poèmes a été réalisé par l'auteure dans le but d'allier le théâtre à la poésie. En effet, quoi de plus facile à apprendre pour les enfants, que des textes qu'ils ont plaisir à jouer ! Les enseignants, les parents, et même les enfants seront conquis de voir d'étonnantes poésies !

En gras sont soulignés les mots que les enfants peuvent accentuer en récitant. Certaines poésies peuvent se faire à deux, comme par exemple : « Comment bien bégayer », « Pourquoi tu rigoles ? », « Les cauchemars », ou « Une larme ».

La poésie : « les saisons » peut se jouer avec cinq enfants et d'autres poèmes peuvent être récités à plusieurs ou bien tout seul ! C'est comme vous voulez !

Les titres des poésies :

Atchoum !

Les pompiers

La nuit

À l'école

Le grand voyage

Les cauchemars

Et si ?

Comment bien bégayer

Colère sors de là !

Apprendre à compter !

Pourquoi tu rigoles ?

Que font les animaux ?

Je ne fais que des bêtises !

Les saisons

Les sentiments

Une larme

Pour mieux te comprendre

Atchoum !

Un petit poisson-clown

Qui faisait... **atchoum** !

N'arrivait pas à convaincre son nez

D'arrêter d'éternuer !

Un petit poisson-clown

Qui faisait... **atchoum** !

En avait assez !

Car lorsque ses joues se gonflaient,

Ce petit poisson-clown

Qui faisait sans cesse... **atchoum**,

Éternuait si fort et si vite !

Qu'autour de lui, c'était la panique !

Il s'appelait Roméo

Et qu'est-ce qu'il était gros !

Ce petit poisson-clown,

Qui faisait... **atchoum** !

Ses copains lui disaient :

« Si tu veux cesser d'éternuer,

Eh bien Roméo,

Il faut être moins gros ! »

Le petit poisson-clown

Qui faisait sans cesse... **atchoum**,

Était vexé et répliquait :

« C'est à cause de mon nez !

Oui vilain nez !

Tu es tout le temps bouché !

C'est à cause de toi,

Que tout le monde se moque de moi ! »

Et puis un matin,

Roméo eut un gros chagrin,

Le petit poisson-clown

Qui faisait sans cesse... **atchoum**,

Suppliait son petit nez

D'arrêter n'éternuer !

Et un miracle se produisit,

Oui, les éternuements étaient finis !

Alors tout le monde dit à Roméo

Qu'il était devenu très beau !

Le petit poisson se mit à rire,

Et pour la première fois à sourire...

Ce petit poisson-clown

Qui faisait sans cesse... **atchoum**,

Adorait son nouveau nez,

Et ne cessait de rigoler !

Les pompiers

Ah, tiens, les sirènes retentissent !

Les pompiers se dirigent vers une bâtisse,

La maison est en flamme,

Vite ! Vite ! Il faut sauver ces dames !

Oh ! Ce chat coincé sur une haute branche !

Et cet homme qui a perdu connaissance !

Il faut se dépêcher d'intervenir,

Pour pouvoir les secourir !

Et cet enfant qui s'est tordu la cheville ?

Il aurait bien besoin de béquilles !

Il faut le mettre dans le VSAV

Et prendre le temps de le rassurer.

On ne compte plus le nombre d'interventions,

Que chaque jour les pompiers font,

Parfois au péril de leur vie,

Sans se plaindre, c'est leur état d'esprit.

On ne serait pas grand-chose sans eux,

Sans nos soldats du feu,

Ils sont là pour nous au quotidien,

Et chaque jour, ils font le bien.

Ils sont là pour les accidents, pour les blessures,

Pour les malaises, pour les brûlures,

Ou bien pour éteindre un incendie,

Chaque jour, ils sauvent des vies.

Leurs devises c'est : **« courage et dévouement »**,

Profiter de chaque instant,

Mais aussi : **« sauver ou périr »**,

Ils n'ont pas le choix, il faut tenir.

Alors respectons-les,

Honorons-les,

Car le jour où vous en aurez besoin,

C'est de vous ou de vos proches qu'ils prendront soin.

La nuit

La nuit m'appelle,

Comme elle est belle,

Dans mon lit je vais me blottir,

Et je vais bien dormir,

Mais avant qu'il ne fasse tout noir,

Je préfère lire une histoire.

La nuit m'appelle,

Comme elle est belle,

Dans son beau manteau noir,

J'aime y apercevoir

Les étoiles qui scintillent

Oh ! Comme elles brillent !

La nuit m'appelle,

Comme elle est belle,

Je regarde les cieux,

Puis je ferme mes yeux,

Ça y est, je sens le sommeil arriver,

Bientôt je serai dans les bras de Morphée !

La nuit m'appelle,

Comme elle est belle,

Je vais faire des rêves délicieux,

Il y aura des ours bleus,

De magnifiques fleurs,

Et des nuages de toutes les couleurs !

La nuit m'appelle,

Comme elle est belle,

La nuit appelle tous les enfants,

Et tous les parents,

À fermer les yeux pour rêver...

Et pour voyager...

À l'école

À l'école,

Qu'est-ce qu'on rigole !

On apprend plein de choses,

Notre maître est tout chauve,

Et il a de grands yeux

D'un bleu merveilleux !

À l'école,

Qu'est-ce qu'on rigole !

On se dépêche de terminer les mathématiques,

Pour se rendre en gymnastique

Et là, on se met à sauter,

À courir, à grimper !

À l'école,

Qu'est-ce qu'on rigole !

Lorsqu'on mange à la cantine,

On se dépêche, on se dandine,

Pour avoir la meilleure table,

Et des chaises bien confortables !

À l'école,

Qu'est-ce qu'on rigole !

Lorsque vient la récréation,

Tout un tas de jeux nous inventons !

Et quand la sonnerie retentit,

On doit rentrer en classe, c'est fini !

À l'école,

Qu'est-ce qu'on rigole !

Parfois, les copains nous remettent des cartons,

Oui des cartons d'invitation !

Pour leur anniversaire !

Et nous, faire la fête, c'est ce qu'on préfère !

À l'école,

Qu'est-ce qu'on rigole !

J'aime toutes les matières,

Mais il y a tout de même des choses que je préfère...

Vous savez lesquelles ? C'est facile, devinez !

C'est ...jouer, sauter, danser et m'amuser !

Le grand voyage

Un jour je partirai,

Je partirai à l'aventure,

Des contrées lointaines je découvrirai,

Mais je ne prendrai pas ma voiture,

Non, je m'achèterai **un bateau**,

Le plus beau et le plus grand de tous les voiliers !

Je serai **un vrai matelot**,

Et je dompterai cette mer agitée !

Non, encore mieux, je serai un pirate !

Je n'aurai peur de rien,

Je pêcherai des poissons et les ferai en grillade,

Et de l'or, j'en aurai tout plein !

Je découvrirai des trésors,

Les ramènerai sur le bateau,

Et en rentrant au port, eh bien avec tout cet or,

J'achèterai tout plein de cadeaux !

Pas pour moi, mais pour ma famille,

Et pour ceux qui n'ont pas beaucoup d'argent,

Mais trouver autant d'or, ce n'est pas facile !

Comment faire en attendant pour aider tous ces gens ?

Eh bien, je vais d'abord leur sourire !

Je ne vais plus bouder,

Et puis je vais les faire rire,

Car le plus important, c'est qu'ils se sentent aimés...

Les cauchemars

Maman ! Maman, j'en ai marre !

J'ai encore fait un cauchemar !

C'était un affreux monstre,

Il était tout vert et il me regardait dans la pénombre !

Mon petit trésor, ne t'en fais pas,

Les monstres n'existent pas, rendors-toi...

Papa ! Papa, j'en ai marre !

J'ai encore fait un cauchemar !

C'était une grosse araignée,

Et elle voulait me manger !

Mon petit trésor, ne t'en fais pas,

Les monstres n'existent pas, rendors-toi...

Maman ! Maman, j'en ai marre !

J'ai encore fait un cauchemar !

J'ai vu des yeux se rapprocher de moi,

Et il y avait aussi une grosse voix !

Mon petit trésor, ne t'en fais pas,

Les monstres n'existent pas, rendors-toi...

Papa ! Papa, j'en ai marre !

J'ai encore fait un cauchemar !

C'était un nuage qui me tombait sur la tête

Et il avait un regard méchant et très bête !

Mon petit trésor, ne t'en fais pas,

Les monstres n'existent pas, rendors-toi...

Maman, papa ?

C'est bien vrai ? Les monstres n'existent pas ?

Alors pourquoi je fais des cauchemars ?

J'en ai tellement marre !

Mon petit trésor, ne t'en fais pas,

Ta maman et ton papa,

Ont le pouvoir de chasser tous les cauchemars,

Car quand les enfants en ont marre...

Il faut faire appel aux magiciens !

Un, deux, trois, et hop ! Il n'y a plus rien !

Et si ?

Et si je m'appelais Samuel ?

Et si je me faufilais dans cette ruelle ?

Et si je m'appelais Baptiste ?

Et si j'étais un artiste ?

Et si je m'appelais Bernard ?

Et si j'enfilais ce peignoir ?

Et si je m'appelais Marco ?

Et si j'étais un gentil renardeau ?

Et si je m'appelais Nicolas ?

Et si j'avais une très jolie voix ?

Et si je m'appelais Hélène ?

Et si je prenais cette pelote de laine ?

Et si je m'appelais Alain ?

Et si je mangeais du bon pain ?

Et si j'étais tous ces prénoms ?

Je me trouverais aussi des surnoms !

Et continuerais d'inventer

De nouvelles rimes pour m'amuser !

Comment bien bégayer

Co-co-comment tu t'appe-ppe-pelle ?

Je m'appe-ppe-ppe-lle Anna-anna-belle !

Tu es es es très très très be-be-belle !

Je te-te-te-remercie-cie Sam-Sam-Samuel !

Peux-peux-tu-tu me faire goû-goû-goûter ce miel ?

Bien-bien-bien-bien sûr Samuel !

Dis-dis-moi, c'est-c'est toi qui-qui a fait cet-cette aquarelle ?

Oui, j'y-j'y ai mis mis des cou-couleurs pastel !

Je l'ado-do-do-re ! Viens, on va va jou-jouer à la ma-ma-ma-relle !

Oui et je donne-rai-rai des ca-ca-ca-caramels !

Oh ! re-re-garde ! Une une co-co-coccinelle !

Et là-là-là-là-là ! Une une sau-sau-te-re-lle !

Et re-regarde dans dans dans le ci-ciel !

Oui ! C'est c'est une une tourte-tourterelle !

Elle elle est be-be-belle !

Dis Sam-Sam-Samuel, tu sais pour-pourquoi on bé-bégaye ?

Non-non-non, mais toi et et moi, on on est pa-pareil !

Oui et c'est-c'est pour ça-ça-ça qu'on qu'on s'aime !

Colère sors de là !

Colère sors de là !

Je ne te permets pas !

De m'ennuyer à ce point !

Va te cacher dans un coin !

Colère sors de moi !

Quand tu n'es pas là,

J'ai tellement un joli minois !

Va-t'en, tu n'as pas le choix !

Colère sors de là !

Je n'aime pas du tout ma voix,

Quand je me mets à crier !

J'en veux au monde entier !

Colère sors de moi !

Je me demande bien parfois pourquoi,

Tu me fais aussi pleurer !

Ce n'est pas beau de sangloter !

Colère, je ne t'aime pas !

Et tu te demandes pourquoi ?

Ce n'est pas compliqué !

Je préfère de beaucoup m'amuser !

Et quand tu es là colère,

C'est comme s'il y avait du tonnerre !

L'orage gronde en moi,

Et dans mes larmes je me noie.

Colère ça y est tu n'es plus là ?

Ah, je préfère ça !

Ne reviens plus jamais !

Non, plus jamais m'ennuyer !

Maintenant je me sens apaisé,

Et je n'ai qu'une envie c'est de me reposer !

Car c'est fatigant de crier ainsi !

Et de s'énerver aussi !

Apprendre à compter !

Un comme...sentir un doux par**fum** !

Deux comme... ce monstre hi**deux** !

Trois comme...je me sens à l'é**troit** !

Quatre comme...il ne faut pas se **battre** !

Cinq comme...j'aime les ja**cinthes** !

Six comme...je mange du cas**sis** !

Sept comme...quelle bonne re**cette** !

Huit comme...que se passe-t-il en**suite** !

Neuf comme... un gros **bœuf** !

Et **dix** comme...je n'aime pas les **épices** !

Pourquoi tu rigoles ?

Pourquoi tu rigoles ?

Tu me fais penser à guignol !

Pourquoi tu rigoles ?

Tu fais de drôles de cabrioles !

Pourquoi tu rigoles ?

Parce que tu bricoles !

Pourquoi tu rigoles ?

Parce que tu chantes comme un rossignol !

Pourquoi tu rigoles ?

Parce qu'on est à l'école !

Pourquoi tu rigoles ?

Parce que tu es toute molle !

Et moi si je rigolais de toi ?

Tu n'oserais pas !

Et je peux savoir pourquoi ?

Parce que toi c'est toi, et moi c'est moi !

Que font les animaux ?

Qu'est-ce qu'il fait le cheval ?

Il hennit !

Qu'est-ce qu'il fait le faisan ?

Il glapit !

Qu'est-ce qu'elle fait la grenouille ?

Elle coasse !

Qu'est-ce qu'il fait le freux ?

Il croasse !

Qu'est-ce qu'elle fait la mouche ?

Elle bourdonne !

Qu'est-ce qu'il fait le loup ?

Il grogne !

Qu'est-ce qu'il fait le merle ?

Il appelle !

Qu'est-ce qu'il fait le mouton ?

Il bêle !

Qu'est-ce qu'il fait le serpent ?

Il siffle !

Et la perruche ?

Eh bien, elle aussi elle siffle !

Je ne fais que des bêtises !

Maman me dit que je ne fais que des bêtises,

Papa me dit que je ne fais que des sottises,

Grand-mère dit que je fais des plaisanteries,

Grand-père dit que je fais des idioties,

Mais c'est faux, je sais rester sage !

Par exemple... quand j'ai un petit massage,

Ou bien... quand je regarde mes livres d'images,

Il y a tant de beaux paysages !

Et je suis tout sage aussi quand j'allume la télé,

Et que je regarde mes dessins animés préférés,

Que je vais dans ma chambre pour jouer,

Ou bien quand je me mets à dessiner,

Alors, tu vois maman, je ne fais pas que des bêtises !

Papa, je ne fais pas que des sottises,

Grand-mère, j'aime faire des plaisanteries,

Sans pour autant Grand-père, que ce soit des idioties !

Voilà, c'est fini !

Les saisons

Bonjour Monsieur le Printemps,

Pourquoi n'êtes-vous pas là tout le temps ?

Je dois laisser la place aux autres saisons,

Tu sais, je ne peux pas faire tout le temps la floraison,

Une fois que j'ai fait pousser les fleurs,

Et que j'y ai mis de jolies couleurs,

Je laisse la place à l'été,

Pour qu'elle vienne tout parfumer !

Bonjour Madame l'été,

Vous savez, vous êtes ma saison préférée !

Je te remercie mon enfant,

Ce que tu me dis est très touchant,

Mais je ne reste que quelques mois,

Car après l'automne est là,

En attendant, profite de l'été,

Et attention à ne pas trop bronzer !

Bonjour Madame l'automne,

Vous savez, avec vous, parfois on frissonne !

Tu as raison, je le reconnais,

Il fait un peu plus froid qu'en été,

Mais avec mes feuilles mortes, tu peux faire un herbier !

Et tous ces marrons, tu peux les ramasser !

Il n'y a en effet plus beaucoup de fleurs,

Mais regarde toutes ces jolies couleurs !

Bonjour Monsieur l'hiver,

Alors, avec vous, plus rien n'est vert !

Oui, tu as raison,

Je suis une drôle de saison !

Je fais venir le froid et la neige,

Et tu dois aussi manger des soupes d'asperges,

Mais n'oublie pas le sapin que tu peux décorer,

Et toute cette neige avec laquelle tu vas t'amuser !

Mes amies les saisons,

Vous avez toutes raison,

Monsieur le printemps et Madame l'été,

Vous nous enchantez,

Madame l'automne et Monsieur l'hiver,

Vous cachez la misère !

Et tous les ans,

Je vous aime toujours autant !

Les sentiments

Je t'aime,

Je t'aime fort,

Je t'aime très fort,

Je t'aime de plus en plus fort,

Je t'aime encore plus fort,

Et parfois je te déteste,

Je te déteste fort,

Je te déteste très fort,

Je te déteste de plus en plus fort,

Je te déteste encore plus fort,

Et je m'en veux,

Je m'en veux fort,

Je m'en veux très fort,

Je m'en veux de plus en plus fort,

Je m'en veux encore plus fort,

Et je me déteste de t'avoir détesté,

C'est pourquoi c'est tellement mieux de s'aimer,

Et de ne pas se disputer !

Une larme

Une larme coule sur ma joue,

J'ai besoin de mon doudou !

Essuie-là et elle s'en ira !

Tralala !

Une larme coule sur ma joue,

J'ai besoin de mon doudou !

Souris donc et elle s'en ira !

Tralala !

Une larme coule sur ma joue,

J'ai besoin de mon doudou !

Ris donc et elle s'en ira,

Tralala !

Mais dis-moi ?

Une larme c'est quoi ?

C'est une goutte d'eau salée,

Comme dans la mer, tu le sais !

Et puis ?

Car elle m'ennuie !

C'est un appel aux câlins dans les bras de ton père,

C'est vouloir embrasser les joues de ta mère...

Et puis ?

Car elle m'ennuie !

Les larmes sont essentielles,

Car elles peuvent aussi être belles…

Ah oui ?

Ça alors ! Me voilà bien surpris !

Tu pleures quand tu ris !

La larme est alors ton amie !

Tu pleures quand tu es très surpris !

La larme est alors ton amie !

Tu pleures quand la joie t'envahit !

La larme est alors ton amie !

Tu as raison,

Je n'avais pas vu les choses de cette façon !

La larme, dans notre cœur

C'est un nuage qui pleure,

Et un soleil qui réapparait

Quand la joie renaît !

Pour mieux te comprendre

Pour mieux te comprendre...

Je t'écoute attentivement,

Pour mieux te comprendre...

Je te parle calmement,

Pour mieux te comprendre...

Je me plonge dans ton regard,

Pour mieux te comprendre...

Je suis là quand tu as peur du noir,

Pour mieux te comprendre...

Je ne te juge pas,

Pour mieux te comprendre...

Je passe du temps avec toi,

Pour mieux te comprendre...

Je te fais sourire,

Pour mieux te comprendre...

Je te regarde dormir,

Pour mieux te comprendre...

Je t'aide comme je peux,

Et pour mieux te comprendre...

Je t'aime, c'est encore mieux.

Et voilà c'est fini !

A bientôt dans de nouvelles poésies !

Loi n°49-956 du 16 juillet 1949 sur les publications destinées à la jeunesse,

Modifiée par la loi n°2011-525 du 17 mai 2011.

© 2020, Valérie GASNIER

Édition : BoD – Books on Demand,
12/14 rond-point des Champs-Élysées,
75008 Paris.

Impression : BoD - Books on Demand,
Norderstedt, Allemagne

ISBN : 9782322205554

Dépôt légal : février 2020